THE FORGOTTEN KEYS

The Forgotten Keys
TOMASZ RÓŻYCKI

TRANSLATED BY
Mira Rosenthal

ZEPHYR PRESS
BROOKLINE, MA

Front cover photograph by Morgan Cohen: detail from *Kitchen* (1998)
Author photograph by Elżbieta Lempp
typeslowly designed
Printed in Michigan by Cushing-Malloy, Inc.

Zephyr Press acknowledges with gratitude the financial support of the
Massachusetts Cultural Council, the National Endowment for the Arts, and
The Witter Bynner Foundation for Poetry.

massculturalcouncil.org

NATIONAL
ENDOWMENT
FOR THE ARTS

Zephyr Press, a non-profit arts and education 501(c)(3) organization, publishes
literary titles that foster deeper understanding of cultures and languages. Zephyr
books are distributed to the trade in the U.S. and Canada by Consortium
Book Sales and Distribution [www.cbsd.com] and by Small Press Distribution
[www.spdbooks.org].

Library of Congress Cataloging-in-Publication Data
Różycki, Tomasz, 1970-
[Poems. English & Polish. Selections]
The forgotten keys / Tomasz Różycki ; translated by Mira Rosenthal. -- 1st
ed.
     p. cm.
English and Polish.
ISBN 978-0-939010-94-3
  1. Różycki, Tomasz, 1970---Translations into English. I. Rosenthal, Mira.
II. Title.
PG7177.O99A2 2007
891.8'517--dc22

                              2007026375

98765432 first printing in 2007

ZEPHYR PRESS
50 Kenwood Street
Brookline, MA 02446
www.zephyrpress.org

ACKNOWLEDGMENTS

I am grateful to the editors of the following journals, in which some of these translations, sometimes in earlier versions, first appeared:

Lyric Poetry Review: "Entropy," "Vaterland," "Later, in a Different Life," "Hole," "Europe"

Poetry Wales: "The Second Life," "The Castle (I Came to Shoot the President)," "Second Hypothetic," "Paradise Beach"

A summer exchange grant from the Office of International Programs at Indiana University allowed me significant time to work on these translations. This book would not exist without the crucial support of the Polish-American Fulbright Commission, who believed in my ruminations on Polish literature enough to fund a year of research, during which I discovered the poetry of Tomasz Różycki.

Table of Contents

from WORLD AND ANTI-WORLD [2003]

from **THE COLONIES** [2006]

FOREWORD

In the chain of poetic generations, Tomasz Różycki stands apart from the noisy "bruLion" group of poets who made their poetic debut in the the late eighties during the last years of Communism in Poland. The poets of *bruLion*, which means something like "rough draft," were irritated by what they perceived as a stilted moralism in the work of their predecessors. For models, they rejected poets such as Czesław Miłosz, Wisława Szymborska and Zbigniew Herbert—one of their gestures was to create a mock "anti-Zbigniew Herbert" party—and embraced the New York School poets, taking Frank O'Hara as the central figure of their aesthetic orientation. They tended toward rupture with the immediate past and created an atmosphere of a sober gaze on life, of "urban irony," as somebody once called this attitude, with a minimal interest in the local poetic tradition. They also distrusted any major global poetic program. Fragments and mockery—these were their slogans. Very fitting for the years of the postmodern creed.

Różycki started under the sign of the opposite values. Although not free from irony—who could be completely free from irony these days?—he employs a lyrical tone and, in doing so, shows no signs of derision. He seems to be impressed by poets of intelligence and meaning, both the post-war Polish poets and others, such as Joseph Brodsky. Furthermore, he stresses rather than denies his attachment to recent history, for example, in his award-winning long poem *Twelve Stations,* a humorous and tender portrayal of his family's wandering from the east of Poland (today Ukraine) to the west (the territory regained from Germany after World War II). In addition, the number twelve refers to the twelve books (or chapters) of *Pan Tadeusz* by Adam Mickiewicz, directly linking Różycki's poem to the famous tale so central for Polish literature. *Twelve Stations* is thus a demonstration of Różycki's interest in the continuity of the poetic tradition—done in a friendly voice with a tongue-in-cheek reverence.

Różycki's latest collection, *The Colonies*, is further proof of his versatility and depth as a poet. Completely different from the narrative breadth of *Twelve Stations*, *The Colonies* is a deeply lyrical book juxtaposing love poems and poems, although also personal, that have a wider frame of references. "Personal" for Różycki means also transpersonal; the persona of his poetry holds the memory of an entire family or tribe, or perhaps even of society in general. And there's no mockery here. Różycki's poetry is serious, a private response to the historic moment.

Without a doubt, a vital new poet has emerged from the Polish language.

Adam Zagajewski

INTRODUCTION

The poems in these pages are built of crumbs. Crumbs of culture: a watch, a voluminous old book, a broken camera. Crumbs of history: views of empty streets and shuttered shops after war, of houses buried in snow, of mud spreading through the park and obliterating borders. Crumbs of life: tobacco smoke, pungeant wine, a chipped parquet floor, the hoot of an owl, exhaust from a city bus. The desire to collect what remains after war, relocation, and colonization is often revealed in postwar European literature that bears the burden of responding to devestation and upheaval. But the project of *The Forgotten Keys* is not a lament for what has been lost but an homage to what has been handed down to those living now in the twenty-first century, for what is still accessible today through memory and restoration. Nowhere is the search to gather these fragments and construct something out of what remains—to almost imbibe memories, to satisfy an intense hunger for return—more acute than in the work of Polish poet Tomasz Różycki.

Różycki was born in the town of Opole, Upper Silesia, in 1970. The place of his upbringing and, to this day, of his adult life takes on great significance in his poetry. Silesia, an historic region located in East Central Europe, lies on the western border of Poland, and thus its story is marked by the continual shift of the country's borders, most recently after World War II. The decision at Yalta in 1945 to compensate Poland's loss of territory in the East by awarding former German territory in the West uprooted many people, both Germans, who either escaped or were expelled, and Poles, who were forced to resettle from eastern cities such as Lwów (in today's Ukraine). Różycki's own family was among them. And this inherited national/family history

[xv]

motivates Różycki's poetic investigations from his first poems to the present day. The very title of his 1997 debut collection, *Vaterland*, which Różycki chose to render in the German, bears out these tensions. The title elicits the Nazi usage of the word, but simultaneously questions the very idea of a people united under a shared language and history that would ultimately comprise the feeling of belonging to a "father-land." In the title poem of the collection, the idea of a "fatherland" becomes a "salt rock buried in the ashes of a burnt down town" that the speaker carries around in a matchbox. For Różycki, the displacement of people after World War II led to a nugget of memories reduced by family mythology to the most common substance, salt embedded in ash, to be passed on by future generations.

Różycki carries this light yet compact baggage comprised of seemingly random bits and pieces from the past into his subsequent poems. Three more collections of poetry quickly followed his debut: *Anima* in 1999, *Country Cottage* (*Chata umaita*) in 2001, and *World and Anti-World* (*Świat i antiświat*) in 2003. These poems have a formal tendency drawing from Polish prosody as well as Różycki's study of Romance languages during his time at Jagiellonian University in Kraków. His background in French literature and language, which he teaches at a training college in Opole, continually enters into his poetry both in terms of content and form. Combined with these qualities, Różycki's sensibility is deeply hermetic. His cultural allusions are idiosyncratic to the point of uncertainty; they are at times anchored to concrete images, but the import of the images—a yellowed juice-stained book, an old piece of colored crayon—is often ambiguous and unfixed to a specific narrative. These features, far from detractions, give Różycki's poetry a distinct voice that stands out from the work of other younger Polish poets.

The emergence of Różycki as an important younger poet happened somewhat aside from the phenomenon most noted by the critics. During his university years in Kraków, Różycki was undoubtedly caught up in the spirit of provocation that characterized new poetry at the time—I am thinking here of the literary rebellion that developed in the pages of a new magazine called *bruLion*. The aim was a wholesale provocation against Communist rule but also against the strongholds of Polish culture in general. These young poets discarded the heavy imperative to bear witness to recent history, as their predecessors in the "Generation of '20" and the "New Wave" had done, in favor of a focus on contemporary urban life. Różycki's work is likewise embedded in the tension between history and autobiography. But there is a different sensibility driving his work, one that aims at reconciling the traditional, political, and historical context with a very modern understanding and experience. This can be seen most prominently in his poetic syntax, a kind of fusion of poetic language of the past and of the present. His work somehow seems both contemporary and old fashioned, his references at turns easily recognizable and distant.

Różycki's unique sensibility is perhaps most powerfully realized in his book *Twelve Stations* (*Dwanaście stacji*), an epic-length poem in chapters, published in 2004. The tragicomic poem tells the story of a family gathering from the perspective of a third-generation, post-World-War-II representative who assembles all the members of his family expelled from Poland's eastern regions after the war. His aim is to revisit their place of origin and search for the church bells buried there in 1945. This long narrative poem further develops thematic threads already functioning in Różycki's poetry. At the same time, the language and structure of the book clearly build off of Romantic poet Adam Mickiewicz's national epic *Pan Tadeusz*. With humor and aplomb, Różycki constructs a multi-layered allusion to the famous story of national identity that is memorized (at least in its opening lines) by all school children in Poland. Combine this with a sense of the narrator as a man at the beginning of the twenty-first century, and the restorative intent of the project becomes clear. Różycki received the coveted Kościelski Foundation Prize for the book, thus joining the ranks of many of Poland's most important poets who also received the prize early in their careers, among them Sławomir Mrożek, Zbigniew Herbert, and Adam Zagajewski. The book moved the jury with its "humorous distance, but also warmly depicted praise, of the province and of family tradition." The prize amplified interest in Royzcki's work, and in the same year a volume of his collected poems appeared.

The literary critic Marian Stala notes that there is something in Różycki's work of what Polish writer Bruno Schulz called the my-thologization of reality. Poetry, for Schulz, is the release of words from their fragmented uses and utilitarian strictures. The colloquial is only a rudimentary form of a former all-encompassing mythology. When the strictures of everyday use are relaxed, Schulz says, "a regression takes place within, a backflow, and the word returns to its former connections and once again becomes complete in meaning—and this tendency of the word to return to its nursery, its yearning to revert to its origins, to its verbal homeland, we term poetry." Różycki has this yearning to get back to a lost homeland, both verbally and historically. He repeatedly attempts to construct a private myth from fragmented, cheap, inconsequential remains of a past time and place. It is both a private myth and a public myth, incorporating the experiences of the people displaced from the East after World War II and also other kinds of displacement, such as the dislocation of refugees arriving in America after many nights spent in the hull of a ship. In this yearning for a return and reclamation, there is certainly nostalgia—note the poem "Nostalgia" that opens this book—but also the awareness that this myth making has little to shore it up at the end of the twentieth century.

It cannot be emphasized enough that Różycki's project is also intensely personal. Merged within his attempt to construct a new and accessible understanding of the past are individual expressions of love. The many exotic titles of poems from his most recent book, *The Colonies* (*Kolonie*), published in 2006, present a striking contrast to the depictions of Polish country life and everyday tender moments found interspersed throughout the poems. In "Cocoa and Parrots," the speaker relates his awe at watching his son learn to speak. His son's words, the speaker concedes, will soon "grow into notebooks and dictionaries, a whole mythology." But for now, he says, "My son speaks the truth." In "Electric Eels," the speaker plays in the sand with his son, who is carving out the borders of imaginary colonies with the point of a stick. The personal and the political merge in the space of a few short lines. And in "Coffee and Cigarettes," the figure of the beloved drifting off to sleep serves as a focal point for the speaker and saves him from becoming some "perpetually sleep-deprived phantom" lost in his own melancholy. This sensitivity expressed in private moments imbues Różycki's work with the most personal elements.

∼

Translation is, in essence, an act of very close reading; it is the process of reading slowly, and pondering word equivalences, and rereading, and pondering again. Behind this volume lies my own process of gradually becoming a more nuanced reader of Różycki's poetry. The idiosyncrasy of his cultural allusions proved to be both an incredibly rich characteristic and, perhaps not surprisingly, a challenge to translate. Such allusions are evident to any Polish reader who looks at Różycki's work from the perspective of history and tradition, yet the subtleties are manifold and difficult to fully explicate. I wanted to enable English-language readers to understand some of these references without imposing an academic apparatus of footnotes and explanations. First of all, this meant selecting poems that would, taken as a group, build an awareness of Różycki's main themes, his sources of subject matter, and his formal and stylistic intimations. This approach seems appropriate, given the consistency of such features in his work throughout his career. However, it also meant omitting his epic-length poem *Twelve Stations* and the majority of poems from his book *World and Anti-World*, a numbered sequence of "songs." Both books generate complex internal structures that make it difficult to extract individual poems or sections.

As my reading deepened, I also found a more metaphysical dimension in Różycki's work—an aspect that seemed to intensify as he developed as a poet. The soul repeatedly adopts various costumes, inhabits different stories, and takes on a variety of names. In the early poem "The Second Life," the speaker watches Hunger write out a fantastical novel, searching for just the right word. It's name is everywhere. In "Phantom," the cellar (a significant location in many poems) becomes a workshop where the speaker fashions a body from mud and a heart from black stone, "[a]nd then the soul arrives alone. Alone it rises from mud…" And in "Intimate Places," all bodies are marked with night's traces, with the imprint of time that signifies "it's no longer possible to be immortal." Hunger, transformation, "a tadpole wriggling in the belly of sleep"—the repeated personification of inner experience suggests a tension between speech and the desire to reach beyond language to the ineffable. I have tried to choose poems from each of Różycki's books that reflect the growth of this metaphysical dimension.

The present volume constitutes Różycki's debut in English. I chose to translate his work because its subject matter addresses some of the most pertinent concerns in postmodern American culture, yet in a completely different style than the prevailing trends in contemporary English-language poetry. The specific history Różycki references may seem distant to an American audience, but his themes are all too familiar. These poems resonate with the recent discussion on immigration in the United States by exploring the emotional implications of citizenship and the ramifications of relocation, whether it be economically driven or forced by political circumstances. They repeatedly conflate the colonizer and the colonized, the ruler and the martyr, thus linking the cause with the effect and calling to mind the current high-pitched discourse on terrorism. Yet these poems situate such issues within a very personal world—often literally within the human body itself. The domain of these poems is at once political and hermetic, or to use Różycki's title, made up of both "world and anti-world." To highlight the relevancy and uniqueness of Różycki's subject matter, I aimed to mitigate the necessary shifts in syntax, punctuation, and versification—reigning in long Polish sentence constructions, for example—by preserving at all costs the distinct lexicon that constructs the world of these poems. The intent was to make it possible for the reader to track recurring themes throughout this selection in much the same way that the speaker tries to construct his own identity through looking for traces of the past.

I owe a great debt to many people who were instrumental in

bringing this project to fruition, especially to Bill Johnston, who initially suggested my name to Zephyr Press, offered insightful comments on early versions of the manuscript, and provided a huge amount of encouragement along the way; to the editors at Zephyr Press for their dedication to literature in translation; to Katarzyna Helbin-Travis, who suffered through my fledgling Polish and co-translated a handful of these poems that would later inform my final versions; to Tomasz Bilczewski for many hours explaining his perspective as a native speaker (I was lucky to have such a literary and informed colleague); to Elżbieta Wójcik-Leese for helping me formulate my ideas about this work and to *Przekładaniec* for publishing them; to Adam Zagajewski for conversations over coffee at Massolit and more rigorous forums at the Kraków Poetry Seminar; to Greg Domber for unfailing moral support; and to Dorota and Tomasz Różycki, for bringing me to Opole and warmly introducing me to all the people (both those living there and those living in these poems), and for keeping the old grandfather clock chiming through the night in their attic apartment.

Mira Rosenthal
January 2007

from

VATERLAND

[1997]

Nostalgia

Ledwie zamkniesz oczy, kręgi, kolory. A już
przechodzą przez zaklęte linie, zakazane zony.
Oddaleni o wiorsty, mury, trzy granice, w pajęczynie
smutku, opętani. Przyjęci już do królestwa obojga

korytarzy, kanałami ze starówek, ci, którzy skryli się
za kołnierzem snu. Mówią mało, bez sensu. Coś, że
nadszedł czas przepowiedni—wielbłąd będzie pił
z Dunaju, upadną symbole na całej ziemi.

Pachną jabłkami i mokrym tytoniem. Upierają się
wciąż przy tych samych sprawach, jakby istniał
jeszcze ten dom przy torach, ogród i każda, najmniejsza
rzecz. I potem nic nie dziwi w tych ciemnościach,

nawet własna śmierć, kiedy przychodzi, a ty podziwiasz
jej okrutną biegłość.

Nostalgia

You barely close your eyes—rings, colors. And already
they are crossing magical lines, forbidden zones.
They are leagues away, walls, three borders, in the cobweb
of sorrow, possessed. Those who hid under the collar of sleep

have already been admitted through old town canals to the corridors
of the two kingdoms. They say little, without sense. Something
about the prophesied time arriving—a camel will drink
from the Danube, symbols will collapse all over the world.

They smell of apples and wet tobacco. They still insist
on the exact same things, as if this house by the railroad tracks,
the garden, and every single tiny object still existed.
And later, nothing is surprising in this darkness,

not even your own death, when it arrives, and you admire
death's cruel efficiency.

Entropia

Ten czerwiec, kiedy słońce gasi trawniki
nad Odrą i kruszą się mosty, powiedziałem,
że nie mamy ojczyzny, zaginęła w transporcie,
a może rozniosły ją na grzywach armie konne,

a poeci przekręcili jej imię, przemieliły ją
czcionki gazet. Dlatego każdy uniósł, co mógł
pod powiekami, ziemię, piasek, cegły, całe płaty
nieba i zapach traw, i teraz nie wiadomo,

co z tym robić, jak zamknąć oczy, jak spać
i płakać. Jest czerwiec i coraz ciężej z nią iść.
Pytam, dlaczego nie spalili Lwowa, dlaczego
nie zamienili tego w popiół, lekki dym,

nikt nie musiałby nosić takiego ciężaru całe
życie i nawet we snach po stokroć upadać.

Entropy

This June, as sun douses the lawns by the Odra
and the bridges continue to crumble, I say,
we have no fatherland. It went missing during transport,
or maybe the cavalry scattered it in their horses' manes,

the poets twisted its name, and the typeface in newspapers
shredded it. That is why each of us collected what we could
under our eyelids, earth, sand, bricks, whole flakes
of the sky, the scent of grass, and now no one knows

what to do with it all, how to close the eyes, how to sleep
or to cry. It is June, and it is getting harder to go on.
I am asking, why didn't they burn down Lwów, why
didn't they turn it to ash, light smoke. Then no one

would have had to carry such weight throughout
life and fall down a hundred times over, even in dreams.

To drugie życie

Głód zapisuje po dwadzieścia stron dziennie, linijka
pod linijką, wszędzie widać jego imię, na lustrze
i na talerzach, nie może znaleźć odpowiedniego słowa
dla tego, co już wie, żadnego zaklęcia. Jego fantastyczna
powieść rośnie.

Obserwuję te wysiłki z boku, nieco w cieniu, w wygodnym
fotelu na tarasie. Lipiec rozpala kwartały powietrza,
więc dobrze jest wycofać się z piekła choć na moment,
nabrać dystansu w usta.

Nowe rozdziały są jeszcze bardziej szalone. Oto całe
plemiona wyruszają na konkwistę, banki wystawiają
świadectwa wiary, chronologia rwie się i przybywa postaci,
wszyscy naznaczeni tym samym głodem i tuszem, ale słowo
nie jest odnalezione.

To dopiero początek, wiem. Nie zaparłem się niczego,
a jednak nikt mnie nie rozpoznał. Nikt nie zna tej roli. Wiem
także coś o końcu, ale nie poruszam się i cisza znosi tu
tekturowe pudła, buduje wokół piramidy z zawstydzenia,
nieme wieże.

The Second Life

Hunger writes out twenty pages a day, line
by line, its name everywhere, on the mirror
and on every plate. It can't find the right word
for what it already knows, nor any incantation.
Its fantastical novel grows.

I watch its struggle from the sidelines, half in shadow, in a cozy
chair on the terrace. July is scorching the regions of the air,
and it's good to withdraw from hell, if only for a moment,
to take a mouthful of distance.

The new chapters are even more outlandish: entire
tribes set out for conquest, banks issue certificates
of faith, narrative breaks down and more characters accumulate,
each one marked with the same hunger and ink. But the word
is not found.

It's only the beginning, I know. While I haven't denied anything,
no one recognizes me nor identifies my role. And I know something
about the end too, but I keep still while silence brings out
cardboard boxes and builds its mute towers and pyramids
of shame.

Niedługo to zmieni się. Głód pożre słowa, całą pustkę
przypadków, która potrafi się mścić. Zaklęcie pozostanie
tuż obok, lecz opowieść nie odnajdzie sensu. Będą inne,
cudownie fałszywe modlitwy, i stanie się—

—nadejdą nowe armie, zima i żarłoczne watahy.
Głód przemówi w wilczym narzeczu i nie będzie liter.
Wtedy będą wołali i na czyste kartki pól wyjdzie z ciemności
nowy satrapa, niemy błazen, czarny duch poezji.

Soon everything will change. Hunger will devour words, the whole
vengeful abyss of grammar. The incantation will linger
close by, yet the story won't find its point. There'll be other
miraculously false prayers, and it will happen—

—the coming of new armies, winter, and ravenous gangs.
Hunger will give a speech in wolf slang. There'll be no letters.
Then they will call, and from darkness onto the field's blank pages
will arrive a new satrap, a mute jester, the black spirit of poetry.

Ziemie odzyskane

Po lodzie, przez Kanał Ulgi, wyprawa, a z tyłu gorący
oddech pogoni topi śnieg. Po lodzie, trochę na czworaka,
a wewnątrz ryby oddychają coraz szybciej. Pogoń zabiera tlen.

Przez Kanał Ulgi, symbolicznie, na drugą stronę ucieczka,
a miasto z tyłu dyszy blaszanymi budami, rozrasta się rdzą,
rozdęte wódką, paruje i huczy jak kuźnia, czerwony piec.

Uciec, uciec, odnaleźć ojczyznę kawałek dalej, ustanowić
państwo o granicach z zardzewiałych furtek, o prowincjach
z zarośniętych ogrodów, o stolicy z widokiem na sad.

Tak, spisać konstytucję z zetlałych listów, zebrać zapomniane
klucze, przywołać umarłych na sejm za spalonym stołem,
ogłosić wielki powrót, niepodległość snów.

The Recovered Lands

Over ice, an expedition across the Relief Canal. From the rear the warm
breath of pursuit melts the snow. Over ice, at times on all fours.
The fish are breathing faster below. Pursuit takes oxygen.

Across the Relief Canal, symbolically, escaping to the other side.
From the rear the city wheezes with tin huts, rusts over with corrosion,
swells with vodka, steams and booms like the red furnace of a forge.

To escape, to escape, to find a fatherland a little farther, to establish
a country with borders of rusty gates and provinces made
of overgrown gardens and a capital that overlooks the orchard.

Yes, to draw up a constitution from decaying letters, to collect
forgotten keys, to summon the dead to the scorched parliamentary table,
to declare a great return, the independence of dreams.

Anioł

Pracuję we śnie. Wstaję i wychodzę, a chodnik pokryty jest
jasnym nalotem. Wchodzę tam, kiedy śpi i biorę ją tak, jak jest;
na wznak, na brzuchu, albo skuloną, i wtedy poruszają się
ściany, meble i za oknem ulice i dalej, aż poczuje te wszystkie
nierealne rzeczy, jak płyną te miliony słów, te nieprawdopodobne
obrazy i zaczynają cicho krążyć, ach, wypełniać ją.

Tak pracuję co noc, jestem niewidzialny. I potem siedzę i patrzę,
jak porusza powiekami i drgają jej palce. I nawet wiem, co widzi,
gdy zaczyna płakać.

Ach, pracuję przez sen, kocham ją przez sen. Co noc zostawiam
w niej to wszystko, oczekuję dziecka. A potem wracam tymi ulicami,
wszystko jest nieruchome, domy, drzewa i dalej. A na skórze
mam jasny nalot. I kiedy słyszę, że budzi się z krzykiem, wiem;
ktoś inny pracuje na jawie.

Angel

I work within sleep. When I rise and go out, the sidewalk is glazed
with a light film. I enter while she sleeps and take her just as she is:
on her back, on her stomach, or curled up. And then the walls start to move,
and then the furniture, the street outside the window and beyond, till she feels
all unreal things, how there are a million words flowing, these incredible
pictures. Quietly they start to circulate, yes, to fill her up.

I work like this every night. I am invisible. And afterward I sit and watch
how she moves her eyelids, how her fingers twitch. And I even know
what she sees when she starts to cry.

Yes, I work through sleep, love her through sleep. Each night I leave it all
inside her. I am hoping for a child. And later, as I return along the streets,
everything is motionless, houses, trees and beyond. And on my skin
there is a light film. And when I hear her wake with a scream, I know:
someone else works in reality.

Vaterland

Marzec, sezon królowania tłustych wiatrów
zza Odry. W olszynie i w krzakach pohukują
germańskie bożki. Trochę śpię, a trochę czytam,
ale koniec wciąż odkładam na jutro, na dzień,

kiedy przyjdzie wiosna i rzuci żagiew w środek
moich snów. Trochę śpię, a trochę idę przez sen
wzdłuż rzeki i wypatruję tej łodzi, czy już
dobiła do zaślinionych mgłą brzegów, czy już.

I to jest zdziecinnienie, weltschmerz, grudka soli
na dnie popiołu po spalonym mieście, które
noszę w pudełku od zapałek. Nie daj się zwieść
wiatrom, bo porwą cię, uniosą i porzucą

gdzieś w lasach, wśród szwargotów hożych cór Germanii,
sowich okrzyków. Jestem tu od dawna, trochę
śpię i czytam. Nie mówiłem ci o tym, ale
często budzę się w tej pustej łodzi, na środku

rzeki, i wypatruję cię na brzegu, we mgle.

Vaterland

March, the season when full winds reign
from across the Odra. In the shrubs and the alder grove
Germanic deities rumble. I sleep a little and read a little,
but still I put off the end till tomorrow, till the day

when spring arrives and tosses a torch into the middle
of my dreams. I sleep a little, and I walk a little in my sleep
along the river, and I watch for a boat, if it's there
on the shore slicked with fog, if it's there yet.

And this is senility, *weltschmerz*, a salt rock
burried in the ashes of a burnt down town that I carry
in a matchbox. Don't give in to the wind's deception,
or it will sweep you away, carry you off, and abandon you

in the woods amid the jabber of Germania's buxom daughters,
the hoots of owls. I've been here for a long time, sleeping
and reading a little. I haven't told you about it, but
often I wake up in that empty boat, in the middle

of the river, and I watch for you on the shore, in the fog.

Później, w innym życiu

Chagallowi

Nigdy nie potrafiłem umrzeć. Nieśmiertelność
jest latającą rybą z mojego snu, zanurzałem ją w temperach,
namaszczałem olejami, cynobrem i chromem,
widziałem jak płynie nad domem i łąkami.

Nie było żadnych granic, na anielskich skrzydłach
zjawiała się wciąż ta sama melodia na skrzypce, tańczyły
koty z ludzką twarzą, ludzie o koźlich głowach.
Byliśmy wszystkiem, każdym stworzeniem;

te skrzydła unosiły nas z pogromów, niebo
odwracało się nad Witebskiem i Paryżem, upadały
obłoki, a my płynęliśmy smugą sadzy z krematorium,
nosiłaś welon i ślubną suknię, i żyliśmy zawsze,

urodzeni tyle lat temu, że pamiętam pierwsze
kolory i tę ulatującą oknem rybę. Nieprawda,
że nie myślałem o śmierci, ale ona okazała się
snem, zupełnie innym życiem. Pytałem

wszędzie i wszystkich gdzie jest kres i nigdzie
się nie zatrzymywaliśmy. Czas nie zna granic,
po prostu nie istnieje. To latająca ryba, a gdzieś
nad nią my, nasza miłość, nasze wieczne urodziny.

[16]

Later, in a Different Life

To Chagall

I was never able to die. Immortality
is a flying fish from my dream. I dipped it in tempera,
anointed it with oil, vermilion, and chrome.
I watched it swimming above the house and meadows.

Borders did not exist, and on the angels' wings
the same violin melody kept playing, dancing
cats with human faces, humans with goat heads.
We were everything, every kind of creature;

those wings lifted us out of pogroms, the sky
turned back over Vitebsk and Paris, the clouds
sank, and we sailed on a trail of soot from the crematorium.
You wore a veil and wedding dress, and we lived forever,

born so many years ago that I remember the first
colors and that fish flying out the window. It's not true
that I never thought of death. But it turned out
to be a dream, a completely different life. I've asked

everyone everywhere is this the end, but we've never
come to a stopping point. Time knows no borders;
it simply does not exist. It's a flying fish, and somewhere
above it—us, our love, our eternal birthdays.

Misja

Dziś wybieram się na poszukiwania na południe.
Wzdłuż zardzewiałej siatki, w dzielnice, o których
nasi geografowie plotą już bzdury. Po drobnych śladach
rozpoznaję cię w rozmiękłej ziemi, według wdeptanych
nasion.

Ale dalej już koniec: krzaki trzeba dopiero nazwać,
nie ochrzczone ścieżki, dzika mowa przedmieść, brak waluty,
obce plemiona, rozbiegana architektura. To wszystko trzeba
dopiero wziąć w posiadanie, w imieniu, skolonizować gesty,
ustanowić prawa i składnię.

Na razie jestem leniwy, palę tytoń, zadowalam się handlem
wymiennym. Na razie oni jeszcze wierzą w słowa i szklane
paciorki, przyprowadzają mi kobiety. Na razie jeszcze
nie mówię o tobie. Dopóki to mnie mają za boga, jestem
bezpieczny.

A Mission

Today I'm setting off on a quest in the south.
Along the rusty fence. Into districts about which
our blathering geographers are in the dark. I recognize you
by small tracks in the softened earth and trampled
seeds.

But they end ahead: bushes yet to be named, unbaptized paths,
wild language of the suburbs, lack of currency,
foreign tribes, jumbled architecture. Everything must be
possessed, put in someone's name, gestures colonized,
laws and syntax established.

For now, I'll be lazy, smoke tobacco, make do
with bartering. So far, they still believe in words
and glass beads. They ply me with women. So far, I haven't
yet mentioned you. As long as I'm still considered to be god,
I'm safe.

A więc wojna

Musieliśmy coś przegapić, widocznie dużo działo się kiedy
spaliśmy, za naszymi plecami poprzesuwano meble, zmieniono
oficjalny język i walutę i teraz obudziliśmy się w innym kraju.
I nawet nie jest to sprawa oficjalnych kolorów.

Po prostu musieliśmy zbyt długo spać, zapomnieć o podstawowych
rzeczach, skoro teraz przynoszą nam rachunki, odcinają dopływ.
Skoro nasze dokumenty należą teraz do obcego państwa, które
budzi śmiech i trwogę.

Musieliśmy przeoczyć jakiś ważny szczegół, któryś decydujący
moment, skoro dokoła rzeczy zupełnie nieznane, a na przedmieściach
padają niewyobrażalne przekleństwa. Na wywołanych zdjęciach
dopiero teraz widać, jak ktoś pastwi się nad naszym dzieciństwem.

Musieliśmy zbyt długo zajmować się sobą, zbyt długo przebywać
we śnie, jeśli nie rozpoznajemy żartów, a zwykłe zabawy przerażają
nas. Musiało się coś stać tej nocy, kiedy zamknęliśmy drzwi naszego
pokoju i w tej głuchej ciszy ciemność pozostawiona tam

postąpiła o trzy kroki, pod próg.

And So the War

We must have overlooked something. Clearly a lot was going on
while we slept. Behind our backs they moved the furniture, changed
the official language and currency, and now we have woken up
in another country. And it's not just a matter of official colors.

We simply must have slept too long, forgotten basic things,
since now they're sending us bills and cutting off the power.
Since now our documents belong to a foreign state, one
that evokes laughter and fear.

We must have overlooked an important detail, a decisive moment,
since everything here is utterly unfamiliar, and in the suburbs
they're hurling unthinkable curses. Only now in developed photos
can we see how someone was tormenting our childhood.

We must have been lost in ourselves too long, remained too long
in our dreams, if now we no longer recognize jokes and ordinary games
terrify us. Something must have happened that night, when we shut
the door to our room, and in dead silence the darkness left outside

took three steps forward, under the threshold.

Inne miejsca

Trzy razy budzę się ze snu, omszały, w innych pokojach,
innych okolicach. Pierwsze jest dzieciństwo o żarłocznych
oczach, czerwonych wciąż od ślęczenia po nocach nad zakazanym
pismem. I mogę chodzić do woli po tym ogrodzie, między
zdziczałymi jabłoniami, w świetle i w cieniu.

Trzy razy szukam obok tej szpary, przejścia w płocie, tam,
gdzie jeszcze czatuję na zarośniętych ścieżkach, pod gałęzią
z alfabetem mszyc, a na ciele mam znaki pierwszego snu o kobiecie,
ślad zaskrońca.

Trzy razy budzę się w nocy, z krzykiem. Ciemność otwiera się tylko
na moment, błysk ognistego miecza i opadają powieki. Trzy razy
budzę się ze snu, nie rozpoznaję śladów. Za trzecim razem już wiem,
że musiałem już wcześniej umrzeć, dawno, jeszcze dawniej,

i pochowano mnie w innych miejscach, zarośniętych perzem.
Od tego właśnie powinienem zacząć.

Other Places

Three times I wake from sleep, moss-covered, in other rooms,
other regions. The first is childhood with its voracious
eyes, still red from poring over banned writing
at night. And I can wander at will around its garden,
among apple trees gone wild, in light and in shade.

Three times I search this narrow opening, this gap in the fence
where I lie in wait for overgrown paths, under a branch
with an alphabet of aphids, and on my body are signs of my first
wet dream, the trace of a garter snake.

Three times I wake at night with a scream. The darkness opens
for a moment, and there is a flash of a fiery sword, then my eyelids
droop. Three times I wake from sleep. I can't make out the traces.
But on the third time I know that I must have already died, a long

time ago, and been buried in other places, in overgrown ryegrass.
From here I should begin.

from

ANIMA

[1999]

Dziura

To jest dziura w skraju nieba, pomiędzy
chmurami. Jeśli unieść się i spojrzeć z bliska,
można przez chwilę zobaczyć tamten świat.
Tamto miasto, siną rzekę i tamtych ludzi

w pokoju. Ale cóż mogą znaczyć te papiery,
bałagan, niedopita kawa, te papierosy na stole?
Kim jest ta kobieta, tak zgrabnie udająca
ciebie ruchem i ciałem, i ten obok mężczyzna,

małpujący mnie? I cóż to za speszone spojrzenia,
gorączkowe ubieranie, rozczochrane włosy
i ledwie widoczne drżenie rąk? To nieme
poruszanie ustami w naszą stronę,

to, że nagle zaczynają mówić, wołać coś?
I ten, w decydującej chwili, olbrzymi palec
zatykający ją?

Hole

This is a hole in the clouds at the edge
of the sky. If you lift yourself up and look closely,
you might be able to see that other world for a moment.
That other city, the silver river, and those people

in a room. But what could it all mean, the papers,
the mess, the unfinished coffee, the cigarettes on the table?
Who is that woman deftly pretending to be
you in her gestures and body, and that man next to her

aping me? And what about the embarrassed glances,
the frenzy to dress, the disheveled hair, and the barely
visible trembling of hands? And the speechless
movement of lips in our direction,

the sudden attempt to speak, to call something out?
And that gigantic finger at the hole, in a decisive
moment, plugging it?

[27]

Łaski pełna

Od Katowickiej ranek siwieje nagle, mgła przerzuca
kładki przez te szczerbate ogródki, przez kałuże,
rozpina sieci, ale przez tory nie przechodzi zima
ani nawet wiatr. Pod nagą skórą ziemi, pod sierścią

rośnie ogród. To w piwnicach następuje przemienienie,
w ciemnościach fermentuje wiosna. Kijanka porusza się
w brzuchu snu, w zielonych butelkach szeleści już ogień.
Zatrzymałem się i słucham: Anioł właśnie wychodzi

z bramy, potyka się o wystające blachy, i skołtunione
niebo daje niewyraźnie z naprzeciwka, teraz ona stoi naga
przed lustrem, dotyka jeszcze raz piersi, brzucha,

zdejmuje piórko z warg. Słucha: w całym powiecie
pada śnieg.

Full of Grace

From Katowice Street the morning suddenly turns gray.
Fog is throwing planks across the gap-toothed garden plots,
casting its net across puddles. But neither winter nor wind
can cross the tracks. Below the earth's naked skin, below it's hide,

a garden is sprouting. The transformation proceeds in the cellar,
the springtime ferments in the dark. A tadpole is wriggling
in the belly of sleep, a fire is rustling in green bottles.
I stop and listen: An angel is just leaving from the gate.

She stumbles on a protruding piece of sheet metal, and vaguely
from the other side she hands out the sky. Now she is standing naked
in front of the mirror, feeling her breasts again, her stomach,

taking the feather from her lip. She listens: in the whole district
it is snowing.

Przeprawa

Lewy brzeg jeszcze w ojczyźnie, a prawy już nie.
To znaczy jeszcze brzoza, ale już nie buk. A pośrodku
ryby żyją w ciemnogrodzie. Wczoraj wrzuciłem
chleb do wody i patrzyłem z daleka, jak mąci się.

Słowa wówczas wypowiadam cicho, wtedy słychać
rechot żab, mlaskanie karpi. Rano wrzuciłem do wody
chleb i patrzyłem, jak tonie. Muł pożera wszystkie
dobre życzenia, przejście jest nadal nieznane.

Dziś wróciłem i robiłem to samo, poruszając ustami
jak księżyc w czarnej wodzie. Zanim zrobisz krok,
czekaj na znak ze szlamu. Poprowadzi cię wołanie,
pocałunek posiniałych warg, lekki jak wydrążone

czółno sen. Lewy brzeg to buk, po tamtej stronie
brzoza. A na dnie łodzie stoją, ojczyzna jest za mgłą.

A Crossing

The left bank is in the fatherland, but not the right.
This means the birch tree is, but not the beech.
And in between fish live in the dark. Yesterday I threw
bread into the water and from afar watched it turn murky.

Then I quietly uttered the words. And then you could hear
frogs croaking, carp smacking their lips. In the morning I threw
bread into the water and watched it sink. The silt devours
all good wishes, and the way through remains unknown.

Today I went back and did it again, moving my lips
like a moon on black water. Before you take a step,
wait for a sign from the sludge. A call will lead you, a kiss
from lips turned blue, sleep light as a hollowed out canoe.

On the left bank is the beech tree, on the other side the birch.
And boats lie at the bottom. The fatherland is beyond the fog.

Upiór

I potem każdej nocy w piwnicy robię to od nowa.
To bardzo łatwe, najpierw się mówi—jest dużo takich
wilczych słów, rybich słów z dna jeziora. Mówi się cicho,
niewyraźnie się mruczy, jest jeszcze więcej takich

białoruskich pomruków, litewskich przekleństw.
Najpierw się mówi—ciało, i robi się to zawsze z błota,
błoto jest wszędzie, cała ukraina błota, ono nie ma granic,
od morza do morza błoto. Mówi się wtedy serce

i zakłada się stolicę, ryje się palcami wąski fundament.
Mówi się serce i to jest na samym dnie, czarny kamień.
Oddycha się lekko, prosto w usta. Potem się myśli dusza
i są takie zaklęcia, medalik jest ormiański na dnie

niemieckiej puszki, a ona przychodzi sama. Sama
z błota wstaje, choć się mruczy już dość, choć się mówi
zgiń, odejdź. Żydowska królowa niech prowadzi cię.
Mówi się dusza, niech żydowska dziewczyna króluje jej.

Phantom

And then every night in the cellar I do it again.
It's very easy. First, you say it—there are many
such wolfish words, fishy words from the lake bed.
You say it softly, mutter faintly—there are many more

such Byelorussian grunts, Lithuanian curses.
First, you say body, making it always out of mud,
mud that is everywhere, a whole Ukraine of mud that has
no border, mud from sea to sea. Then you say heart

and establish a capital, digging by hand a narrow foundation.
You say heart, and it is there at the very bottom, a black stone.
You breathe lightly, right into the mouth. Then you think soul—
there are such spells, an Armenian medallion at the bottom

of a German can. And the soul arrives alone. Alone it rises
from the mud, though you mutter that's enough, though you say
get lost, leave me alone. Let the Jewish queen lead you.
You say soul—let the Jewish girl be its queen.

Europa

Na krótki czas przeniesieni zostali
do innego kraju i było im dane patrzenie
i dotykanie, także smakowanie
ze szczególną perwersją. Podpalane

wino z orzechów, niecejskie oliwki,
cydr i jasny tytoń. Na krótki czas
przeniesieni tak jak stali przez
ruchomą chmurę do krainy obcej mowy,

obcych papierków, zbyt szybkich pociągów,
ruchomych schodów i chodników,
ruchomych drzwi i ruchomych obrazków,
nagle stali się nieruchomi, osłupiali

i zupełnie na tę okazję nieporuszeni,
w nocy dopiero, w łóżku próbując
drgnąć ostrożnie, dać na to swoją
nieporadną ale nieuchronną odpowiedź.

Europe

For a short time they were transferred
to a different country and allowed
to look and touch, even to taste
with a unique perversity. Smoky

walnut wine, olives from Nice,
cider and blond tobacco. For a short
time, transferred as they were by a moving
cloud to a land of foreign speech,

foreign papers, high-speed trains,
escalators and moving sidewalks,
sliding doors and motion pictures,
suddenly they grew still, stunned

and completely unmoved by the occasion,
only at night in bed trying
to stir cautiously, to give their clumsy
but inevitable answer to it all.

Finis Poloniae

Siedem dni w szafie, w pudłach i kartonach
i teraz budzę się, już jest po wojnie:
puste ulice, zwinięte ogródki i parasole,
ślepe sklepy. W swoich pokojach białych

i bladożółtych leżą zwinięte dzieci, psy
się śmieją do okien, leżą matki wkręcone
w prześcieradła i mężczyźni zamknięci
w kobietach, leżą talerze i szklanki

i z radia słychać syk. Z butelek otwartych
powoli się ulatnia duch i wisi nad miastem
niby siny grzyb. Tej nocy spełniam
wszystkie życzenia. Siedem lat w grobie,

w kurzu, w larwach, a teraz licz do trzech.

Finis Poloniae

Seven days in a closet, in cardboard boxes and crates,
and now I am finally waking up. The war is already over:
empty streets, closed up gardens and umbrellas,
shuttered shops. Children are lying curled up

in their white and pale yellow rooms, dogs
are smiling at the windows, mothers are lying
twisted in the sheets, and men are enveloped
by their women. Plates and glasses lie there too,

and there's a hiss from the radio. Slowly the spirit
evaporates from open bottles and hangs over the city
like a blue mushroom cloud. Tonight I am granting
each and every wish. Seven years in the grave,

in the dust, among the larvae. Now count to three.

[37]

Gnoza

Na dnie zielonej rzeki są niegdysiejsze śniegi.
Siedzi w niej bóg i z ręki muliste sieci kręci.

Pod nim Rzym i pustynia, pod nim Jerozolima,
kto go dotknie, zapomni. Z rybami jest w sodomii,

ludzi w niewoli trzyma. Wodę zamienia w wino
zimą o czwartej rano. Wiosną robi to samo,

a potem wstaje z rzeki, swoje żółte powieki
z trudem odkleja, patrzy. Ten moment mu wystarczy.

Gnosis

The snows of yesteryear lie at the bottom of the green river.
God sits in the river, spinning nets from his finger.

Rome and the desert are below him, Jerusalem is below him.
Whoever touches him will forget. With the fish he commits sodomy.

He holds people in captivity. He turns water into wine
in winter at four in the morning. In spring he does the same.

And then he stands up from the river, loosening his stuck
yellow eyelids, and looks. For him, this moment is enough.

Repetycje

W powtarzaniu potęga, w powtarzaniu stałość.
Kawa z mlekiem i wino, do wina migdały;
powtarzane po stokroć słowo będzie ciałem
w niebieskawej pościeli, pod skundloną trawą.

Jedzenie od Chińczyków, pieniądze od Żydów,
tysiąckrotna pielgrzymka nad żeliwną Odrę—
żyję i mam wątpliwość, czy za czarnym oknem
jutro powtórzy się dokładnie to, co było.

Zima ma swe nałogi—śnieg właśnie zasypał
dom i wszystkich harcerzy. Tak, jak mnie uczyłaś,
sam powtarzam sposoby, w których była miłość,
i wtedy seksowniejsza niż hiszpańska grypa,

ta czarnobrewa nocka, jawna kusicielka
wpisuje do dowodu swe obywatelstwo.

Iterations

In repetition power, in repetition constancy.
Coffee with milk, wine, almonds along with the wine.
A word repeated a hundred times will become a body
in blue sheets, below the mongrel grass.

Food from the Chinese, money from the Jews, the same
pilgrimage a thousand times over the cast-iron Odra—
I go on living and doubting whether the exact same thing
will repeat itself tomorrow outside the black window.

Winter has its own bad habits—snow has buried
the house and all the boy scouts. Just as you taught me,
on my own I keep repeating all the ways love existed.
At that time love was sexier than the Spanish flu,

than this little black-eyebrowed night, than this flagrant
temptress writing down on my ID card her citizenship.

Niepodległość

Ach, śnieg, śnieg we wszystkich ogródkach,
na wspomnianych podwórkach i nad rzeką
śnieg, świeżo pościelone. Zupełnie nowy
kraj. Ze schodów patrząc, zamykając oczy.

Nie stawiam kroków. Pada także wewnątrz,
we wszystkich pokojach biało, śnieg we
wszystkich księgach. Buduje piramidy,
stawia nowe szkoły. Niech zaczynają dzieci,

niech one odbiją pierwsze praw litery.
Jeżeli nasze państwo przetrwa do niedzieli,
będzie nieśmiertelne.

Independence

Oh, snow, snow in all the gardens and
recollected yards, a bed of snow freshly
made along the river. An entirely new
country. Watching from the stairs, closing

my eyes. I don't take a step. It's also snowing
inside, white in all the rooms, snow in all
the voluminous books. It's building pyramids,
erecting new schools. Let the children begin,

let them print the first letters of the law.
If our state survives till Sunday,
it will be immortal.

Anima, a jest

Przewaga ciepłych wiatrów: błoto raz ujrzane
w parku się rozprzestrzenia, oknami i drzwiami
wchodzi do domów, do snów, książek, garnków z zupą,
w nieskalane rejestry i w końcu jest tutaj,

w migoczącym ekranie i stamtąd językiem
próbuje posiąść duszę, która od trzech dni się
tłucze po pięciu kątach w tym ciemnym pokoju
zastawionym krzesłami ze śladami wojen

i szuka na tę wiosnę nowych szat dla siebie
i wchodzi po kolei w dym z tytoniu, w rewię
cieni na ścianach, płomień, syk zapałki, miejsce
wygniecione w pościeli, szum wody w łazience,

i dopiero gdy rano w okno światło świeci,
ucieka poprzez szpary w szczerbatym parkiecie.

Anima, There and Not There

The ascendance of warm winds: mud once seen in the park
begins to spread and come through the windows
and doors into houses, into dreams, books, pots of soup,
into the impeccable ledgers, until finally it is here

on the flickering screen where it tries with language
to take possession of a soul that for three days has been
aimlessly wandering the five corners of this dark room
that is packed with chairs bearing traces of war

and has been searching in spring for new vestments for itself
and has been entering in turn the tobacco smoke, the parade
of shadows on the wall, the flame, the hiss of a match, the rumpled
spot in bed, the sound of running water in the bathroom,

and only when morning light shines in the window
does it escape through the cracks in the chipped parquet.

Prawdziwy koniec wojny

Rano wszystkie pociągi wróciły na stację
puste—można było zdjąć buty i iść boso
do domu. Wzdłuż torów i zdziczałych malw
z tym dziwnym uczuciem nieważkości

i że przedmioty znalezione odtąd więcej
ważą: gwizdek, zegarek, popsuty aparat.
Na szczęście większość z nich istniała
tak jak i my, lekko osolona, w powietrzu.

I cały dom też był konstrukcja z pajęczych
nici, którą obali drgnienie powiek. Przez
chwilę byliśmy tak zawieszeni, w ciepłym
oddechu lata, aż dziecko, które wzdychało

przez sen, wstało i zobaczyło ogród pełen piór.

The Real End of the War

In the morning, all the trains returned to the station
empty—you could take off your shoes and walk home
barefoot along the tracks between stalks of wild hollyhock
with a strange sensation of weightlessness

and the notion that objects found from now on
would weigh more: a whistle, a watch, a broken camera.
Fortunately, the majority of them existed, as we did,
lightly salted in the air. And the whole house

was likewise constructed of cobwebs, which the flutter
of an eyelid could easily knock down. Momentarily,
we were suspended in the warm breath
of summer, until the child who kept sighing

in sleep, woke up and saw a garden full of feathers.

from

COUNTRY COTTAGE

[2001]

Ranne pastylki

Poniedziałek przychodzi po nocy, w której
siwieją jeszcze bardziej podstarzali kochankowie.
Rano pękają witryny i pokazują swe eleganckie
wnętrzności, trzysta rodzajów papierosów.

Poniedziałek przychodzi po nocy pełnej
starych sztuczek pod kołdrą i w szafach,
tabletek oraz zaklęć na trzy cuda świata.
A świat tymczasem się upewnia—bardzo wyraźne

gołębie spacerują po pochyłym dachu i słychać
jak na dole sąsiad rozmawia z sąsiadką,
najwyraźniej o nowych darach na ten poniedziałek,
który przychodzi jak złodziej, a oni leżą,

noc mają jeszcze na koniuszkach palców, którymi
ruszają i żółte trąbki grają im na okiennicach.

Morning Pills

Monday arrives after a night in which aging
lovers are turning grayer still. In the morning,
shop windows shatter, spilling their elegant
entrails, three hundred brands of cigarettes.

Monday arrives after a night full of old
stunts under the sheets and in the closets,
pills, and spells for the world's three wonders.
And meanwhile the world confirms—very distinctly

pigeons are walking on the slanted roof and downstairs
you can hear one neighbor talking to another,
most distinctly about the new gifts for this
Monday that arrives like a thief, and they lie down

with night still on their fingertips, which they move,
and yellow trumpets play to them from the window.

Kajzerwald

Moja nauczycielka też była żydówką,
zdradzało ją to, kiedy się schylała
w swoim pokoju, gdzie jedliśmy razem
młode orzechy i palce się brudziły,

brudziły się zeszyty i jej sukienka też nosiła
ślady. Była mała jesień we wszystkim,
i w miłości, ale także w szklanach, lufkach,
cukierniczce i na podwórku, gdzie sikały

koty. A potem umarliśmy i to ją zdradziło,
kiedy się schyliła później na ulicy, trochę
umarliśmy, ale nie za wiele—w sam raz, by
spróbować wreszcie jak smakują renety,

kosztele, antonówki, mołdawskie winogrona,
chersońskie arbuzy.

Kajzerwald

My teacher was also a Jew. She was given
away when she bent down in her room,
where together we used to eat fresh
walnuts and our fingers would get dirty,

and the notebooks as well, and her dress too
bore traces. There was a little autumn in everything,
including love, but also in glasses, cigarette holders,
the sugar bowl, and in the yard where the cats

used to piss. And later we died, and she was given
away when she bent down on the street. We died
a little, but not too much—just enough to finally
try the taste of different apples, Rennets,

Kosztelas, Antonovkas, and Moldavian grapes,
and watermelon from Kherson.

Jutro potop

Trzydziesty dzewiąty dzień deszczu. Rozłożone
na stole gazety nie wstrzymują wody, wilgoć
jest w łodygach i w owocach, parują farbiarnie.
Powoli rosną mi błony. A chciałbym nareszcie

odejść, zmienić temat, lecz błoto jest moją
ojczyzną i nie mam innej, tylko ku jej chwale
zlepione są te bloki, biurowce, hurtownie.
Ach, jakże śmierdzą samochody, jaki smak

ma komunikacja miejska, jak fermentuje obuwie
jej Świętych Pasażerów. Rondo, pępek Europy,
wszystkie obce armie zatonęły tu kiedyś wraz
z kuchnią polową i swoim cięższym sprzętem.

Tylko burdele na kółkach z gumą i tylko kijanki,
traszki, topielice.

Tomorrow, the Flood

Thirty-ninth day of rain. Newspapers spread out
on the table cannot stop the water. Moisture
in stems and fruit, steaming dye houses.
Slowly my membranes grow. I would like

to finally leave, change the subject, but this mud
is my fatherland, the only one I have, to its glory
only these thrown together apartment blocks, offices,
warehouses. Oh, how the cars stink, what a flavor

public transportation has, shoes fermenting
on its Holy Passengers. At the traffic circle, the hub
of Europe, all foreign armies were engulfed at some point
along with their field kitchens and heavy gear.

Only the brothels on rubber wheels and only
the tadpoles, newts, drowned suicides.

Nie ma radia

Te wszystkie podłe wtorki, kłamane niedziele,
filantropijne czwartki, fałszywe soboty,
kiedy się kamień soli pali pod powieką
i ranek pieczętuje buty świeżym błotem

na amen, a świat w każdym narządzie ma wódkę—
w myślach, papierach, wątrobie. I taka jest wiara
narodu, który wstaje, dzieciom na pobudkę
kadzidło z trzech palników w swej kuchni zapala,

i nie ma radia, które ogłosi powstanie,
nie ma takiego dzwonu, który by powtórzył;
są tylko autobusy miejskie pełne spalin,
są rachunki i księgi, które żyją dłużej,

i nie ma nawet trąbki, grającej w podwórzu
pobudkę temu komuś, kto by je podpalił.

There Is No Radio

All these rotten Tuesdays, untrue Sundays,
philanthropic Thursdays, false Saturdays,
when a stone of salt burns under the eyelid,
and the morning marks shoes with fresh mud

forever, and there's vodka in every organ of the world—
in thoughts, papers, liver. And such is the faith
of the nation, which rises, waking the children
by lighting the incense of three burners in the kitchen.

And there is no radio to announce the uprising.
There is no bell that could repeat it.
There are only city buses belching fumes,
and bills and account books that outlive us.

And in the yard there isn't even a trumpet sounding
Reveille for the one who could set it all on fire.

Królowo Polski

Te tanie okolice, dla mnie przeznaczone
we wszystkich żółtych książkach poplamionych sokiem,
zjawiają się na chwilę i nikną z powrotem,
gdy wkładam i zdejmuję na przemian koronę

z gniecionego papieru. Jestem urodzony
na szlachetnych przedmieściach, w kraju tłustych okien,
które tylko przede mną mizdrzą się widokiem
na jakiś koniec zimy. Z niezamkniętej strony,

od torów, gonią wiatry. Stamtąd równym krokiem
przyszły wtedy te mrówki, głodne i czerwone,
i nie pomogło, że wzięła nas w swą obronę
Plastikowa Panienka stojąca wysoko

na kredensie w pokoju, rozłożywszy dłonie,
gdy zabierały wszystkich nie wiadomo dokąd.

O, Queen of Poland

These cheap neighborhoods, which are mine
according to all the yellowed juice-stained books,
materialize in a moment and fade away again
each time I put on and take off my crown

made of crumpled paper. I was born in the noble
suburbs in a land of greasy windows,
coquettish with their inviting views
of winter's end. There is a driving wind

from the tracks and the open spaces, from where
the ants, hungry and red, came with their steady steps.
And it made no difference that the Plastic Lady high up
on the credenza in the room took us

into her protection, her palms outstretched—
they have carried everyone away to who knows where.

Miejsca intymne

Trochę noc, ale trudno będzie w niej odnaleźć
taką zupełną ciemność, całkiem jej oddane
minuty albo sprawy, chociaż jej odciski
są już na wszystkich ciałach, bliskich i mniej bliskich,

jak to ciało modelki na czterdziestej stronie
poszarzałej gazety z nasączaną wkładką.
W intymnym miejscu odcisk. Wcale nie tak łatwo
odnaleźć czyste myśli albo ślady po nich.

I trochę noc na koniec, trochę czary mary
ze skrzyni telewizji, w której się rozżarza
na małą chwilę wszystko. I można zapalić
jakiegoś papierosa, można też zaparzyć

kawy albo herbaty, wolniej albo prędzej
iść spać, tylko nie można już być nieśmiertelny.

Intimate Places

Almost night, but it will be difficult to find total
darkness in it, moments or matters completely
devoted to it, although night has already left
its imprint on all bodies, those close and not so close.

Like the body of that model on page forty
of the faded newspaper with a saturated insert.
An imprint left in an intimate place. It's not so easy
to find clean thoughts, or even traces of them.

And in the end, almost night, a bit of hocus-pocus
from the television box, where everything glows
for a little while. And you can still light up
a cigarette, brew yourself some coffee

or tea, fall asleep slowly or quickly.
Only it's no longer possible to be immortal.

Spedycja

Trele morele, dyrdum. Solą oraz pieprzem
odgania złe humory. Skończyły się wielkie
wyprawy do spedycji—ten, co ukradł węgiel
zachowa ślad na zawsze. Jeszcze ciągle jestem

wypytywany w nocy o tamte historie,
czarne mrówki i wino, o niemieckie książki,
o zmyślone niedziele i czarne pamiątki
z kolejki do Prudnika. Jeszcze są faktorie

za torami, granicą, której już nie wolno
tobie, głowo, przekraczać. Biesy lgną do cukru
i osy, co wylęgły się latem w ogródku
siadają mi na rękach. Starą kredką szkolną

zapisałem na desce, jak się tam chodziło.
Chociaż minie pół świata, to nie może minąć.

Shipping Department

Chit-chat, yakking. It drives away melancholy
with salt and pepper. Those great expeditions
to shipping have ended, and the one who stole coal
will carry the trace forever. I am constantly

asked night after night about the same old stories,
the black ants and the wine, about German books,
about make-believe Sundays and black trinkets
from the train trip to Prudnik. There are still factories

beyond the tracks, beyond the border that you, my mind,
are not allowed to cross. Demons flock to the sugar,
and the wasps that hatched in the garden in summer
often sit on my hands. With an old piece of colored

crayon I wrote down on a plank how to get there.
Though half the world will slip away, this cannot slip away.

Uszanowanie

Zima się zagnieździła w moich stronach,
mówię, i złożyła skrzek w kubkach i zeszytach,
a my w ciemnościach popełniamy przeciwko niej,
aż wstyd powiedzieć, choć zapamiętale.

Coraz rzadziej się pokazuje ten starszy pan z góry,
który w swoim warsztacie robił kiedyś cuda,
błyszczące polaresy, kapcie, rękawiczki. Mówią,
że na starość zdziwaczał i przestał wychodzić,

i nie działają już żadne zawiasy, i nie działają
żadne zamki w całej kamienicy, nikt już
nie odpowiada: uszanowanie. Czasem słychać,
jak upadnie i toczy się jakaś część z jego maszyny,

co tak szumiała całymi nocami. U nas to słychać
jakby grzmiało i jakby szła burza gdzieś z daleka,
więc wchodzimy po schodach i nasłuchujemy
pod drzwiami, długo, bardzo długo, ponieważ wystarczy

choćby szmer.

How Do You Do

I'm saying winter has taken root in the place I'm from.
It has laid its spawn in mugs and notebooks,
and we are working against it in darkness,
but still, zealously I'm ashamed to admit.

The old man from upstairs is rarely seen anymore.
In his workshop he used to performed miracles—
shiny leather billfolds, slippers, gloves. They say
that in old age he became eccentric and stopped going out,

and in the whole building none of the door hinges
work anymore, nor any of the locks. No one says anymore
in passing: How do you do. At times you could hear
his machine whirring at night, a part falling out

and rolling along the floor. In our apartment it sounded
like thunder, as if a storm was coming from somewhere
in the distance, so now we climb the stairs and listen intently
at the door, for a long, long time. Because even a murmur

is enough.

Okruchy

Bo przyszła nowa era i z nią na podłodze
w kuchni pojawiły się nowe gatunki zwierząt,
które zjadły okruchy z wczoraj i przedwczoraj.
A ponieważ nie pomogły indiańskie zioła,

zaklęcia oraz wszyscy święci, wypełniliśmy druki
i wybraliśmy miejsce, trochę nieprzytomnie.
Ci, którym się płaci, wykopali dół i chociaż
nie chciałem tego przyjąć do wiadomości,

świat obszedł się beze mnie. Wykończywszy
niezbędne prace, miłość rzekła: dość. I przyszła
nowa era, wtorek, światło, ciemno, a przecież
—pomyśl—byłem taki dzielny, ubierałem się

ciepło i jadłem wszystko, co mi podawali.

Crumbs

Because a new era arrived, and with it new
species of animals appeared on the kitchen floor
to eat the crumbs from yesterday and the day before.
And because Indian herbs and incantations and all

the saints were no help, we filled out forms
and somewhat at random selected a location.
Those who are paid to work dug a pit, and though
I didn't want to accept the fact, the world managed

without me. Having finished what needed to be done,
love said: That's enough. And then it arrived,
the new era, Tuesday, light, darkness, and yet
—think—I was so brave, I dressed warmly

and ate everything that was given to me.

List oceaniczny

Już nigdy nie wrócę. Wrzucam na pamiątkę
do zatoki butelkę po wytrawnym porto
kupioną za ostatnie znalezione drobne,
może ona po latach zatka gdzieś aortę

świata, jeżeli wierzyć, że ma on podobny
do naszego swój krwiobieg wód, wódek i płynów,
i jeżeli uwierzyć, że gdzieś w końcu płyną
wszystkie nasze spojrzenia, że gdzieś tam się kończą

tory, kable, poręczne, że na końcu wreszcie
jest ta cholerna szafa, gdzie znajdą się wszelkie
zgubione rękawiczki. Kiedy tam dopłynie,
ja będę już zajmował rozkładane miejsce

w międzygwiezdnej salonce, i choć nie zatrzyma
się przez nią świat, przynajmniej zakłuje go serce.

Sea-Mail Letter

I will never come back here. As a memento,
I am throwing into the bay an empty port bottle
that I bought with my last scavenged change.
Years later, maybe somewhere it will clog up the aorta

of the world, if one believes the world has a similar
bloodstream as ours made of water, vodka, and liquids,
and if one begins to believe that all of our gazes
flow somewhere in the end, that somewhere

the tracks, cables, and railings cease, that at the end
one finally finds the damn closet that holds all
the lost gloves. When the bottle arrives there,
I will already be occupying a fold-down seat

in the interstellar lounge car. And although the world
will not stop, at least it will feel a sharp pain in its heart.

Kamień rośnie bez korzenia

Ktoś puka do drzwi, głosu nie wydaje,
ktoś wypił herbatę, leżał na dywanie.

Ktoś kupił jabłka, zostawił na stole.
Ktoś jedno przekroił, teraz twoja kolej.

Ktoś umył ręce, wylał czarna wodę,
ktoś się już podpisał, ubrał się i poszedł.

Ktoś zabrał rzeczy, ktoś je na dół taszczył.
Ktoś inny już wrócił, nie zdejmował plaszcza,

wszedł do łazienki, puścił głośno wodę,
żeby syn nie słyszał, i siadł na podłodze.

A Stone Grows Without Roots

Someone is knocking, not uttering a sound,
someone finished his tea, lay down on the rug.

Someone bought apples, left them on the counter.
Someone cut one open, now it's your turn.

Someone washed his hands, poured out the black water,
someone has signed, put his clothes on, and left.

Someone took his things, someone lugged them downstairs.
Someone else returned, left his overcoat on,

went into the bathroom, ran the water loudly,
so his son wouldn't hear, and sat down on the floor.

Zamek (przyjechałem tu zastrzeliæ prezydenta)

Ciąg dalszy tej historii. Myœmy siê kochali—
oni przejêli władzê. I mają nad nami,
ci, co kiedyœ pluli najdalej, i œpiewali
najgłoœniej, co odpisywali na sprawdzianach

to ich teraz jest władza i już wiedzą o nas,
i wiedzą, gdzie mieszkamy, przysłali rachunki
na firmowym papierze, widaæ po zasłonach
tu w oknie naprzeciwko, że idą meldunki

wprost do czarnego biurka. Mówią po imieniu
i już nam dali pracê i wybrali zawód,
ponieważ ciut siê boją naszego wymieniæ
prawdziwego zajêcia. Może bêdą nawet

wysyłaæ nam prezenty, bo dokładnie wiedzą,
po co tutaj jesteœmy, po co w nocy œwiatło
œwieci siê w naszej kuchni, dlaczego tak łatwo
nas zabiæ a tak trudno naprawdê pogrzebaæ.

The Castle (I Came to Shoot the President)

To continue the story. We made love—
they seized power. And they hold it over us,
those who once spit the farthest and sang
the loudest, who cheated on their tests—

they hold the power now. They know all
about us, where we live, and have sent us bills
on official letterhead. Judging from the curtains
in the rear window, reports are going straight

into the black desk. They call us by first name
and have already assigned us a trade and a job,
because they're a bit scared to acknowledge
our real occupation. Maybe they'll even start

sending us presents, because they know exactly
what we're here for, why the light shines
in our kitchen through the night, why we're
so easy to kill yet so difficult to bury.

Chata umaita

Mak, trzy razy zmielony, orzechy i miód.
Barszcz z uszkami: pierogi. Chata umaita.
Teraz nie ma nicość dostępu, ona nie zna
wcale tej piosenki, którą śpiewam jej na złość.

Cukierki na choince oraz trzej królowie
pod stołem. Są takie przepisy, których
nawet nicość nie potrafi przepisać swoim
niesympatycznym atramentem, są takie piosenki,

których nawet nicość nie potrafi zaśpiewać
swoim strasznym głosem, bydłu chata
przyzwoita, a to jeszcze źle pokryta. Są takie
prezenty, których nawet nicość nie może opakować,

są takie sny, które nie śpią nigdy.

Country Cottage

Poppy seeds, ground three times, walnuts, honey.
Borscht with dumplings, pierogi. A country cottage.
Now oblivion cannot enter. It doesn't know
this song, the one I'm singing to rile it.

Candies on the Christmas tree and the three kings
under the table. There are such recipes
that even oblivion cannot copy out in its
unpleasant ink. There are such songs

that even oblivion cannot sing in its
horrific voice, away in a cottage,
no crib for a bed. There are such presents
that even oblivion cannot giftwrap.

There are such dreams that never sleep.

from

WORLD AND ANTI-WORLD

[2003]

Pierwszy hipotyk

Jeżeli to jest kara, wiem, kiedy to się stało.
Rankiem, ponieważ ranki są złowrogie. Rano,
ponieważ ranem dzieje się najwięcej pomiędzy
Panem Bogiem a podłogą.

Jeżeli to jest kara, to wiem, skąd przychodzi.
Chciałem powiedzieć coś, otworzyłem usta
i wtedy mała część tej pustki, której pełna była
rankiem ulica i sąsiednie domy, weszła we mnie.

Jeżeli to jest kara, ja od tamtej pory próbuję
ją wypełnić, małą pustą bańkę. I wrzucam
w siebie napotkane sprawy, ludzi, samochody,
domy i całe miasta, biorę to do siebie.

Jeżeli jest to darem, ja chciałbym go zwrócić.
Wypluć już tę pastylkę, w której mieszka nicość,
ale jej nie ma wśród słów, które codziennie,
i stąd te krzyki nocne, i stąd te polucje.

Jeżeli to jest dar, ja chciałem go wyjąć,
na razie jednak tchawica i płuca, żołądek
i wątroba, powłoki oraz serce, serce, serce.

First Hypothetic

If this is the punishment, I know when it happened.
In the morning, because mornings are sinister. Morning,
because that's when most things go on
between God and the floor.

If this is the punishment, I know where it comes from.
I wanted to say something. I opened my mouth
and a small part of the void, which filled
the early morning street and nearby houses, entered me.

If this is the punishment, since then I've been trying
to fill it, this small empty jug. And into myself
I keep tossing happenstance, people, cars,
houses, entire cities, taking in everything.

If it's a gift, I would like to give it back.
To spit out this lozenge steeped in oblivion,
but oblivion does not exist in words, words every day…
And hence these nighttime moans, and these wet dreams.

If this is a gift, I want to take it out,
for now still a windpipe and lungs, stomach
and liver, membranes and also heart, heart, heart.

Drugi hipotyk

Jeżeli to z miłości, będzie nam wybaczone,
pozostaną za nami łóżka niepościelone i napoczęte
miasta, rozchylone zasłony, ledwo dotknięte
rzeczy i trochę brudnych naczyń. Jeżeli to z miłości,

nie pozostanie po nas pustka, jest taka wrodzona
gramatyczna niezgodność, pustka nie może zamieszkać
w miejscach przez nasze ciała naznaczonych, wyjdą
natomiast z nich dzieci, kraje i wszelkie kolory.

Jeżeli to z miłości, staną po naszej stronie zwierzęta,
psy porzucone. One wybaczą nam tę nieruchomość
i ten zagubiony gdzieś w sobie wzrok. Będziemy leżeć
i będą po nas chodzić dni i przeciągi. Zbudują na nas

miasto i wolne elektrony będą nad nami się roić, warczeć,
i sny, sny będą nasze na zawsze.

Second Hypothetic

If it comes from love, we will be forgiven.
Behind us, our unmade beds remain, the half-built
cities, the parted curtains, things we hardly
touched, a few dirty dishes. If it comes from love,

we'll leave no void behind us. It's a kind of innate
grammatical discrepancy. A void cannot inhabit
places marked by our bodies, though such places
yield children, countries, all the colors.

If it comes from love, animals and abandoned dogs
will stand by us and forgive us our stasis
and our gaze lost somewhere within. We will lie down.
Days and winds will pass over us. They will build on us

a city and above us free electrons will swarm, growling—
and dreams, dreams will be ours forever.

from

THE COLONIES

[2006]

Kawa i tytoń

Kiedy zacząłem pisać, nie wiedziałem jeszcze,
co ze mnie zrobią wiersze, że się przez nie stanę
jakimś dziwnym upiorem, wiecznie niewyspanym,
o przezroczystej skórze, chodzącym po mieście

jakby lekko naćpany, kładącym najwcześniej
się razem z wściekłym brzaskiem, i jeszcze nad ranem
łażącym po znajomych, zupełnie spłukany,
jak jakaś menda, insekt, przywołany we śnie

kawałkiem gołej skóry, czy może westchnieniem.
I nawet nie wiedziałem, w co mnie wreszcie zmienią
te durne wiersze, skarbie, i że to ty właśnie
przywołasz mnie do życia i że dzięki tobie

tylko będę widzialny, z tobą się położę
i odczekam tę chwilę, dopóki nie zaśniesz.

Coffee and Cigarettes

When I first started writing, I didn't yet know
what poems would do to me, that I'd become
some perpetually sleep-deprived phantom
with see-through skin, that I'd wander around

the city on some kind of high and only go to bed
with the furious dawn. And at daybreak I'd still be
dropping in on friends, flat broke like a louse,
some kind of vermin, summoned in sleep

by a bit of bare skin or maybe a sigh. And, honey,
I didn't even know what these dumb poems
would finally turn me into and that you'd be the one
to summon me to life and that because of you

alone I would be visible, that I'd lie down beside you
and wait out the moment, till you drop off to sleep.

[85]

Rajska plaża

Wyjeżdżamy. Rodzice, książki, szuflady i armie
piesze, konne oraz dziwne zwierzęta pozostały w mieście,
które powoli zasypał popiół. Rankiem w okolicy
obudził się wulkan i odtąd już będzie ogniem

i lawą pluł nad krajem dziecinnym. Wyjeżdżamy,
tu para i stal, tam czekają na nas wyjący wychowawcy
oraz wilcze stada. Będziemy grać w podchody, będziemy
palić ognie i przejdziemy chrzest, wypalą nam

znaki na bledziutkiej skórze i piękna kobieta
rozbierze się wieczorem tylko dla nas, przez chwilę
niebo będzie w ziemi i ziemia będzie gwiazdą,
przez chwilę uwierzymy że to, co się stało nocą, stało się

naprawdę. I morze wyjdzie z morza, morze wyjdzie
z muszli i będzie słone, zupełnie tak jak krew.

Paradise Beach

We are leaving. Parents, books, cupboards and
infantry, cavalry and strange animals remain in the city
that's slowly disappearing under ash. At dawn nearby
a volcano came to life and from now on will spew fire

and lava over the land of childhood. We are leaving.
Here, steam and steel, there, shrieking teachers await us
along with packs of wolves. We'll play soldiers, we'll
light fires and be baptized, with signs burned

into our pallid skin. At night a beautiful woman
will undress for us alone, and for a moment
the sky will be in earth and this earth will be a star.
For a moment we will believe that what happened at night

really happened. And the sea will emerge from sea, sea
from shell, and it will be salty, just like blood.

[87]

Węgorze elektryczne

Oto nasze kolonie! Kuba je zaznaczył
za pomocą patyka, kamieni, bez granic,
ponieważ obejmują całe lato. Dla nich
przejechaliśmy drogi owego powiatu

w niewygodnej pozycji. I teraz to światu
ogłaszamy, biorąc za świadków spotkanych
tubylców i jezioro, ryby, raki, znane
i nieznane gatunki. Zawiesimy flagę

na patyku wbitym w piach. To, co nasze ciała
zajmą, będzie jej terytorium aż do rana,
dopóki nie nadejdą inni. Znajdujemy
w piasku ich ślady, kapsle, szkło, rybi kręgosłup,

węgiel drzewny, pudełka zupełnie bez związku,
a głębiej szmaty, spinki, włosy w środku ziemi.

Electric Eels

These are our colonies! Kuba has marked them
with a stick and stones, without borders,
because they encompass the entire summer. For them,
we have traveled the extent of the whole county

in an uncomfortable position. And now we are
announcing it to the world, taking as witnesses
the natives we have met, the lake, fish, crayfish,
known and unknown species. We will hang a flag

on a stick stuck into the sand. The space our bodies
occupy will be the flag's territory till the morning,
till the time when others come. In the sand,
we find their traces, bottle caps, glass, a fish spine,

charcoal, random cardboard boxes, and deeper
still—rags, bobby pins, hair inside the earth.

Żaglowce Jej Królewskiej Mości

Grałem sam przeciwko komputerowi, byłem
władcą biednego kraju w Europie Środkowej,
który stał się mocarstwem dzięki mojej zdrowej
polityce, handlowi, także dzięki sile

armii i gospodarki. Jeżeli toczyłem
jakieś wojny, to po to, by ustrzec się wrogiej
agresji, lub przeciwko słabym, były bowiem
kraje, które zupełnie sobie nie radziły.

Stawiałem na administrację, dobre sądy,
egzekwowanie prawa, flotę i kolonie,
cieszyłem się szacunkiem w świecie dyplomacji
i wśród własnych poddanych. Nigdy bez powodu

nie skazałem nikogo prócz publicznych wrogów:
dezerterów, poetów, spekulantów, zdrajców.

Her Majesty's Fleet

I played alone against the computer. I was
king of a poor country in Central Europe
that became a superpower thanks to my sound
politics and trade, and also thanks to the strength

of the army and the economy. If I fought
any wars, it was in order to preempt enemy
aggression, or against the weak, since there
were countries that were utterly hopeless.

I relied on the administration, well-run courts,
execution of the law, the navy, and the colonies.
I was held in esteem in the world of diplomacy and
among my own subjects. I never sentenced anyone

without reason, except for public enemies:
deserters, poets, profiteers, traitors.

Kopalnie złota

Miasto na kościach słońca. Światło dokonuje
cudów na tych ruinach i wytapia złoto
z każdej cegły, kamienia. Wróble się o nie biją.
Czterdzieści dwa tysiące gawronów gada w parku,

gdzie wśród kasztanowców trwa wyprzedaż lata
i stosy towaru, rozwleczone wszędzie szmatki,
szyfony. Kobiety przymierzają, mężczyźni milcząc
palą, grzeszą. Na ławce, zatopiony w powietrzu,

śpi weteran wojny o zapomnianej nazwie.
Jego lewa noga jeszcze nie wróciła. Przy placyku
napowietrza się wino, sala pełna jeżyn. Kelnerka się myli,
wiatr jej kradnie rachunki, jeden po drugim.

Wieczorem, w jej sypialni na drugim piętrze
otworzy się oko wulkanu, czerwone, bezdenne.

Gold Mine

A city built from bones of sunshine. The light works
miracles on the ruins and smelts gold from every
brick and stone. The sparrows fight over it.
Forty-two thousand ravens chatter in the park,

where in the midst of chestnut trees they're selling off
the summer along with heaps of products, pieces of laid out cloth,
chiffon dresses. Women are trying things on, men are smoking
in silence, sinning. On a bench, a verteran

of a forgotten war is sleeping, sunk deep in the air.
His left leg still has not yet returned. At the square,
wine aerates in a room full of blackberries. The waitress gets things
wrong because the wind keeps stealing her checks, one

after another. At night, in her bedroom on the third floor,
the eye of the volcano opens, red, infinitely deep.

Kakao i papugi

I tylko mój syn mówi prawdę, a to nie jest
podobne do niczego, co dotąd słyszałem,
co mówił telewizor, co mówią w Warszawie
i co syczy w gazecie. W ten sposób istnieje

świat, ponieważ to wszystko, co się na nim dzieje,
dzieje się tylko dziecku, nic więcej nie mamy
ponad własne dzieciństwo—pozostałe sprawy
to noc i dzień, dzień i noc, adresy, koleje,

telefony i łóżka. Na dole jest wiosna,
mój syn się uczy mówić, powtarza wyrazy
zupełnie niewyraźnie, później z nich wyrosną
zeszyty i słowniki, cała mitologia,

i choć powtarza po mnie, to jest niepodobne
do żadnego języka. Mój syn mówi prawdę.

Cocoa and Parrots

And only my son speaks the truth. And it is
unlike anything that I've heard before,
or what they say on TV, what they say in Warsaw,
what they hiss in the newspapers. The world

exists like this, because what happens in this world
happens only to a child. We have nothing more
than our own childhoods—the rest is simply
night and day, day and night, addresses, railroads,

telephones, beds. Downstairs it is spring. My son
is learning to speak, distinctly repeating words that are
completely indistinct. Soon they will grow into
notebooks and dictionaries, a whole mythology.

And although he repeats after me, it is unlike
any known language. My son speaks the truth.

Wulkan

Siedząc i oglądając wojnę samolotów
przeciw wieżowcom, świętą wojnę męczenników
przeciw wagonom metra, salom gimnastycznym,
przeciwko dzieciom, leżąc, obserwując potop

na żywo w czterdziestu odcinkach, pilotem
poprawiając świat, klucząc, próbując uników
przed mordercą, rekinem i poznając wynik
ankiety widzów w sprawie kary śmierci. Trochę

śpiąc, trochę patrząc na wielką transmisję
z wykupywania boga. I widząc ich wszystkich
malutkich, rysunkowych, jak się przewracają,
chcą wstać i znów padają, potrafiąc wyłączyć

wielekroć głos i obraz, wyłączając oddech
i nie mogąc wyłączyć serca spadałem, spadałem.

The Volcano

Sitting and watching the war of airplanes
against the skyscrapers, the holy war of martyrs
against subway cars and gymnasiums, against
children. Lying down and observing the flood

in forty live episodes, putting the world in order
with the remote control, browsing, trying to dodge
the murderer, the shark. Hearing the results
of the audience questionnaire on the death penalty. Sleeping

a little, taking in a little of the momentous broadcast
from the auctioning of god. And seeing them all tiny,
cartoonish, how they keep falling down, how they try
to stand up and then fall down again. Being able to turn off

the sound and picture, turning off my breath, but not
being able to turn off my heart, I was falling, falling.

Mapy

Freud odkrył Amerykę. A zrobił to nocą,
po miesiącu podróży w ładowni frachtowca
wraz z trzema tysiącami zsiniałych uchodźców
z zakurzonych miasteczek Środkowej Europy.

Cały miesiąc rzygania. To, co było dotąd
ukryte, wyszło na jaw. Oczyszczeni, w końcu
odbywszy kwarantannę, wysiedli na lądzie
obiecanym od zawsze. Puści. Suchą stopą

przekroczyli ocean. Wszystko jest na skórze,
po tym ich rozpoznają, płacą. Wszystko duże,
banki, kino, samochód. Teraz muszą wreszcie
się najeść i wypełnić. Freudowi się śniło,

że odkrył nową ziemię, że dotąd nie było
jej na mapie, a teraz już się nie chce zmieścić.

Maps

Freud discovered America. He did it at night,
after a month of travel in the hold of a freighter
along with three thousand freezing refugees
from small dusty towns in Central Europe.

A whole month of puking. What till then was
hidden came to light. Purged and quarantined,
at last they set their feet down on the forever
promised land. Empty. Dry-shod they had crossed

the ocean. Now the skin reveals everything, tells
how to recognize and pay them. Everything is big,
banks, the movie theater, the car. Now they need
enough finally to eat their fill. Freud had a dream

that he discovered a new land, which before
was not on the map. And now it won't fit.

Mrówki i rekiny

Dla A.B.

Mrówka pożera larwę, według praw natury,
a dziecko zjada mrówkę—trochę szczypie w język,
ciekawość zawsze szczypie. Dziecko połknie rekin
na rajskiej plaży Goa, lecz widzi to z góry

Bóg i złapie rekina, tak jak łapie szczura,
tygrysicę i słonia. Boga zaś poeta
pożre w swoim pokoju, on będzie niestety
żywić się wszystkim. Potwór, podobny do knura,

pęcznieje i wydala. Żywi się papierem,
lecz wpuście go do domu, a znajdzie w pościeli
ukryte ślady po snach, po miłości—skradnie
to, co macie świętego, przeżuje, obrośnie

od tego białym mięsem i trującym włosiem,
wystarczy tylko dotknąć, otrzeć się przypadkiem.

Ants and Sharks

For A.B.

An ant devours a larva, according to the laws of nature,
and a child eats the ant—it burns slightly on the tongue.
Curiosity always burns. On paradise beach in Goa,
a shark will swallow the child. But God will capture

the shark when he sees it from above, just as he catches
a rat, a tigress, an elephant. And then the poet sitting in
his room will devour God—the poet will, alas,
feed on everything. He is a monster that bulges

and excretes like a boar, that feeds on paper.
If you let him in, he will find on the sheets the hidden
traces from dreams and from love—he will pilfer
whatever you have that is holy, chew it up, grow

covered with white flesh and poisonous fur. Even to touch
or brush up against him by accident is enough.

Woda ognista

Kiedy zacząłem pisać, nikt mi nie powiedział,
że to taka choroba, że mnie będą leczyć
znajomi i rodzina, a także kobiety,
których dotknę tym piórem będą mnie odwiedzać

potem w celach klinicznych. Że dostanę przydział
do zakładu na odwyk, że zacznę niestety
symulować poprawę, udawać przed dziećmi
i dyrektorem zdrowego, a w nocy ukrywać

się w kuchni i to robić, pisać otoczony
przez te wszystkie potworki, kuchenne demony,
zjawy i paranoje, omamy, obsesje,
trzęsącymi rękami. Nikt przecież nie mówił,

że to aż taki wstyd jest, i jak trzeba być głupim,
żeby dać się zarazić przez kontakty we śnie.

Firewater

When I first started writing, no one told me
that it was a sickness, that my friends and family
would have to look after me, and that the women
whom I touch with this pen would later come to visit me

in the clinical ward. That I would be assigned
to a detox center. That sadly I would fake
improvement, pretend in front of the children
and the director that I'm healthy. That I would hide

in the kitchen at night and do it, write, surrounded
by all the little monsters, kitchen demons,
phantoms and paranoias, hallucinations, obsessions—
write with trembling hands. After all, no one said

just how shameful it is and how stupid you must be
to let affairs in a dream infect you.

Dryfowanie

Dla M. S.

Nocne pociągi, Polska. Papieros skręcony
z postrzępionej ciemności wolno się rozżarza.
Jak. Błędny. Ognik. Oto na jaw wyprowadza
z miękkiego ciała duszę i bardzo powoli

każe jej tańczyć. Gdzieś tu. Gdzieś tam. To boli
troszkę. To zawsze boli tak za pierwszym razem.
Więc jest nic, nic ma kolor, nic sprawuje władzę
nad fizyką, to boli. Będziemy się bronić

dymem i ogniem, będziemy się wywoływać
i mnożyć, zjawiać, być tak mocno, żeby widać
było z kosmosu. Ognik. Będziemy dryfować,
bo straciliśmy kontakt z bazą, z ziemią,

a z czasem także z czasem. Polska. Nocny pociąg
jedzie z miasta A do B. Oblicz opóźnienie.

Drifting

For M.S.

Night trains, Poland. A rolled cigarette slowly
starts to glow from out of the ragged darkness.
Like. A stray. Spark. It's leading a soul from
a supple body into the light and very slowly

coaxing it to dance. Over here. Over there. It hurts
a little bit. It always hurts like this the first time.
So there is nothing, a nothing that has color, a nothing
that holds power over physics. It hurts. With smoke and fire

we will defend ourselves, we will call each other out
and multiply, materialize, be so intense that we
will be visible from outer space. A spark. We will drift,
because we have lost contact with the base, with earth,

and in time also with time. Poland. A night train
travels from town A to town B. You work out the delay.

Delfiny

Kiedy zacząłem pisać, nie wiedziałem jeszcze,
że umrę. Ponieważ nie było jeszcze śmierci,
ludzkość żyła w wieku ze złota i na ulicach
czuć było w powietrzu metal. Kiedy zacząłem pisać,

nie wiedziałem wcale, że mapa gdzieś się kończy
i na skraju świata wije się ten potwór, do którego
paszczy wlewa się ocean, statki i delfiny.
Że śmierć będzie ze mnie brać co nocy miarę

i zbierać po mnie wypadłe włosy, paznokcie
i złuszczoną skórę, i że z tego będzie swą twarz
czynić na moje podobieństwo, i że kiedy nadejdzie,
to będę anty-ja. Kiedy zacząłem pisać,

nie wiedziałem jeszcze, że piszę właśnie o tym,
że się tak rozpadam na tysiąc literek, sadzę, trujący pył.

Dolphins

When I first started writing, I didn't yet know
that I would die. Because death didn't yet exist.
Humankind lived in an age of gold, and on the streets
the air smelled of metal. When I first started writing,

I had no idea that the map ends somewhere,
and at the edge of the world there's a writhing monster,
and that the ocean, ships, and dolphins wash into its jaws.
That every night death takes my measurements

and collects my stray hairs and fingernail clippings
and flaked-off skin. That from it all death will render
its own face in my likeness, and that when it arrives,
I will be an anti-I. When I first started writing,

I didn't yet know that I always write about death, that I
crumble into a thousand letters, flakes of soot, poisonous dust.

Perkal i korale

W koloniach zmierzch, rdzewieją huśtawki i grzyb
nocą wpełza na ścianę, mech, mech znów powraca.
Teraz mewy są odważniejsze, czuć też las
i ziemię. Wychowawca ma liście we włosach.

To październik, owady sprowadzają się w miejsca
o kobiecym zapachu. Ślady miłości trwają,
ale pokrywa je tafla powietrza, szyba czasu,
mleczny kryształ. Reszta jest wciąż w powietrzu, w postaci

elektrycznej, tak jak język zwierząt i roślin, poza
nami, na razie poza nami. Wszystko się odbyło,
zapisane na banderoli plaży lekkim pismem,
sekunda po sekundzie, ruch po ruchu, słowo po słowie,

ślady miłości morze teraz pochłania, wypluwa, pochłania.
Odjeżdżamy, w nasze łóżka kładzie się zmierzch.

Calico and Coral

Dusk in the colonies, the swings rust over, and at night
mold crawls along the wall, moss, moss returns again.
Now the seagulls are more daring, the forest and earth
palpable. The teacher has leaves in his hair.

It's October. Insects are settling down in a place filled
with feminine fragrance. Traces of love persist, but they
are covered by this sheet of air, time's windowpane,
milky crystal. The rest remains in the air, its form

electrical, like the language of animals and plants, apart
from us, for now still apart from us. Everything has happened,
written on the banner of the beach in a faint script,
second by second, motion by motion, word by word,

traces of love the sea now devours, spits out, devours.
We are leaving. Dusk is lying down in our beds.

Notes

p. 3: "Nostalgia"—The mention of "two kingdoms" is a reference to the united Republic of Poland-Lithuania, which was established in 1569 at the treaty of Lublin and lasted for 223 years, reaching its greatest extent in 1634-1635.

p. 36: "Finis Poloniae"—At the end of the eighteenth century, Poland was systematically partitioned by Russia, Prussia, and the Austro-Hungarian Empire until it was completely annexed by the three powers in 1795. The title is a reference to these partitions. Poland remained geographically non-existent until 1917 when it was reestablished as part of the Treaty of Versailles.

p. 39: "Gnosis"—"The snows of yesteryear" comes from François Villon's "Ballade (des dames de temps jadis)" [Ballad (of the Ladies of Ancient Times)], in which the phrase is a repeated refrain in the question, "Where are the snows of yesteryear?"

p. 44: "Anima"—The use of the Latin "anima" in the original Polish title is a play on words with the Polish phrase "a nie ma" meaning "there isn't any" or "it doesn't exist."

p. 53: "Kajzerwald"—The title refers to a district in Lwów that existed prior to the border changes following World War II.

p. 75: "Country Cottage"—The Polish title "Chata umaita" is a set phrase from a local dialect and literally means "decorated cottage."

p. 89: *The Colonies*—The term "kolonia" in Polish is political, meaning a colony in another country or a settlement community, such as an immigrant colony. However, in the plural it also means a summer camp for children. This polysemy is important in the poems "Electric Eels" and "Calico and Coral."

p. 105: "Drifting"—The term "błędny ognik" is a set expression meaning "will-o'-the-wisp."